Mosaik

ADELHEID UTTERS-ADAM

Kinder schreiben an den *lieben Gott*

MOSAIK VERLAG

Der Mosaik Verlag ist ein Unternehmen
der Verlagsgruppe Bertelsmann
© 1997 Mosaik Verlag GmbH, München / 5 4 3 2 1
Redaktion: Monika König
Buch- und Einbandgestaltung: Martina Eisele, München
Druck und Bindung: Clausen & Bosse, Leck
Printed in Germany
ISBN 3-576-10659-6

INHALT

Dieses Buch ist entstanden aus vielen, vielen Briefen, die Kinder zwischen sieben und dreizehn Jahren, angeregt durch ihre Lehrkräfte, an den lieben Gott geschrieben haben.

Kinder haben einen direkteren Zugang zu religiösen Fragen als Erwachsene. Gott ist für sie ein wirklicher Ansprechpartner, den sie zwar nicht sehen können, von dem sie sich aber als Schöpfer der Welt geliebt und angenommen wissen.

In den Briefen haben die Kinder zum Ausdruck gebracht, was sie bewegt, was ihnen Freude oder Angst macht. Es sind die kleinen Dinge des Alltags ebenso wie die grundlegenden Fragen des menschlichen Lebens. In jedem Fall sind die Briefe authentische Zeugnisse kindlicher Religiosität und offenbaren uns die innersten Gefühle und Vorstellungen der Kinder. Eltern, Großeltern, Erzieher und alle, die Kinder gerne haben, möchte ich einladen, sich davon berühren zu lassen und dabei vielleicht wieder Zugang zum eigenen Glauben zu finden.

Alle Briefe, die für dieses Buch geschrieben wurden, haben ihre ganz eigene Botschaft. Und sie alle – auch die nicht veröffentlichten – sind sicher bei Gott angekommen.

Mit den Zeichnungen bringen die Kinder die ganze Vielfalt ihrer Welt zum Ausdruck. Sie zeigen uns, wie großartig, aber auch wie kompliziert ihr Leben ist.

So möchte ich allen Kindern, die an diesem Buch mitgewirkt haben, herzlich dafür danken, daß sie uns an ihrem Glauben teilhaben lassen. Für mich waren diese Briefe und Zeichnungen lauter kleine Geschenke, und ich wünsche mir, daß jede Leserin und jeder Leser sie ebenso empfindet.

Adelheid Utters-Adam

Kapitel 1

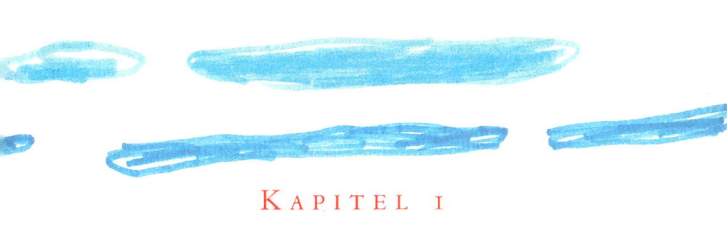

Wie sieht es denn im Himmel aus?

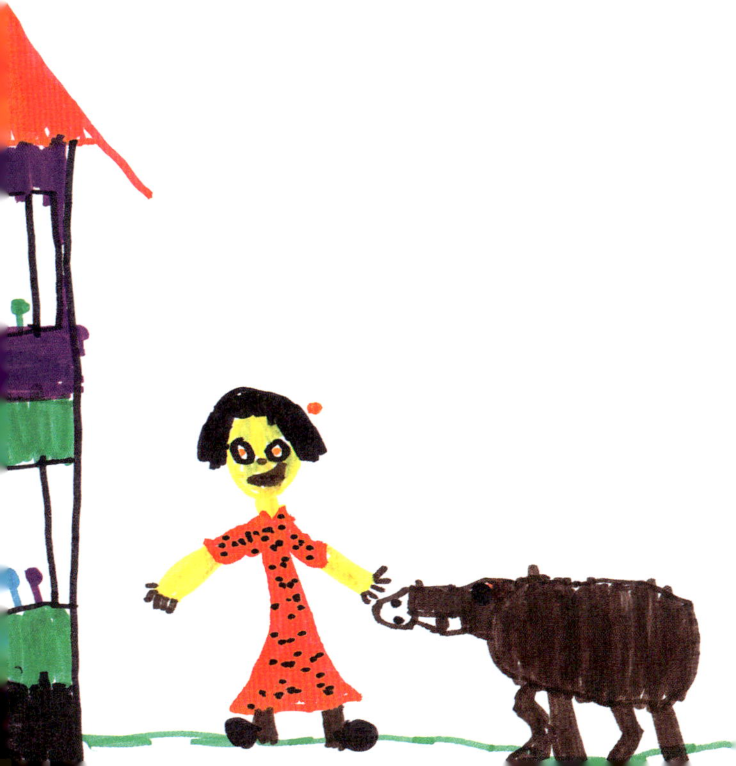

Lieber Gott,
das Schönste am
Himmel ist, daß
ich meine drei Ha-
sen mitnehmen
kann und es dort
noch viele andere
Hasen gibt. Lernen
muß man dort
kein Wort.

Julia, 10 Jahre

Lieber Gott,

im Himmel gibt es einen Aufzug. Er fängt in der Hölle an und steigt in den Himmel hinauf. Wenn Gott meint, ein Mensch war ein schlimmer Sünder, dann bleibt er lange unten. Auf einer Wolke stehen die elf Apostel. Der zwölfte, der Judas, muß noch zwei Jahre auf den Himmelsaufzug warten, er war nämlich ein schlimmer Sünder.

Michaela, 9 Jahre

Lieber Gott,
ich weiß, warum
die Menschen ster-
ben müssen. Damit
Du im Himmel
nicht so alleine
bist.

Anja, 12 Jahre

Lieber Gott,

jeder, der in den Himmel kommt, wird ein Engel, nicht wahr? Damit man erkennt, aus welchem Land der Engel kommt, kriegt er die Farben seines Heimatlandes an die Flügel geheftet. Jeder Engel bekommt von Dir den Auftrag, eine ganz bestimmte Person seines Landes zu bewachen. Wenn der viele Sünden macht, geht der Engel zu Dir und dann läßt Du denjenigen sterben.

Tobias, 10 Jahre

Lieber Gott,
sitzt Du an einem
riesigen Computer,
an dem Du alle
Menschen über-
wachen kannst?

Julia, 11 Jahre

Lieber Gott,
ich wünsche mir, daß einmal ein Engel in der Nacht ans Fenster kommt und mich nur für eine Nacht mit ins Paradies nimmt. Aber da müßte ich schon sehr brav sein.

Timo, 11 Jahre

Lieber Gott,
ich glaube, im Himmel muß man nicht pünktlich ins Bett gehen.

Alex, 9 Jahre

Hallo,
lieber Gott,
wenn ich im Him-
mel bin, will ich
ein Schutzengel
werden. Das geht
doch, oder?

Markus, 9 Jahre

Lieber Gott,
ich weiß, daß es
nicht schön wäre,
ewig auf der Erde
zu leben. Aber im
Himmel sollten wir
nicht erwachsen
sein, sondern immer
klein bleiben.

Sonja, 11 Jahre

Lieber Gott,
im Himmel tragen alle schöne weiße Gewänder,
und wenn einmal ein Fleck darauf kommt, ver-
schwindet er gleich wieder. Man muß niemals ins
Bett gehen, weil es im Himmel keinen Abend gibt.
Karolina, 10 Jahre

Lieber Gott,

ich glaube, Du wohnst

in einem großen, schö-

nen Schloß. Neben

dem Schloß ist eine

alte Bruchbude. Dort

wohnt der Tod.

Sebastian, 10 Jahre

Lieber Gott,
Tage, Wochen, Mo-
nate und Jahre
gibt es im Himmel
nicht, weil man ja
sowieso für immer
dort bleibt.

Martin, 10 Jahre

Lieber Gott,
ich möchte gerne mit meinen Freunden in den
Himmel kommen. Dann können wir machen, was
wir wollen: Streifzüge durch den Wald, Fußball-
spielen, Schwimmen und Reiten. Uns würde nie
langweilig werden, denn wir könnten die ganze
Erde sehen, aber aus der Nähe.

Andreas, 10 Jahre

Hallo, lieber Gott,
kann ich im Himmel tun, was ich will? Oder muß ich mich da auch noch manchmal grün und blau ärgern? Gibt es im Himmel auch Sachen, die Pflicht sind? Bitte nicht, lieber Gott!
Max-Joseph, 11 Jahre

Lieber Gott,
wenn man stirbt, fällt einem die Haut ab und man wird ganz leicht und frei. Man wird wie ein Gasluftballon und schwebt einfach davon.
Julia, 10 Jahre

Lieber Gott,
Ihr habt wohl da
oben eine friedliche
Welt, keine Sorgen,
keine ~~Xo~~ Autos, die
die Umwelt ver-
schmutzen, kein
Krieg und keine Hek-
tik. Im Himmel ver-
säumt man ja auch
nichts mehr.

Sanara, 11 Jahre

Lieber Gott,
zuerst habe ich gedacht, daß man im Himmel auf einer Wolke sitzt und riesige Angst vor dem Herunterfallen hat. Jetzt glaube ich, daß es irgendwie eine andere Welt ist, wie im Paradies bei Adam und Eva. Es gibt weit und breit bloß Blumen, Tiere und Wälder, keine Autos, keine Fernseher und keine Fabriken.
Raphaela, 9 Jahre

Lieber Gott,
auf der größten Wolke steht ein Zirkuszelt und ein Volksfest. Verkäufer bieten kleinen Engelkindern Luftballons an. Im Himmel gibt es bestimmt alles umsonst.
Andreas, 10 Jahre

Hallo, lieber Gott,
Ich stelle mir vor, daß Petrus an einem Computer sitzt und angibt, welches Wetter sein soll. Wenn ich mich mit Petrus gut verstehe, dann würde ich auch mal das Wetter bestimmen dürfen.
Tobias, 11 Jahre

Lieber Gott,
im Himmel ist es schöner und größer als auf der Erde. Neben dem Himmel ist die Hölle, dort ist es doof und klein.

Thomas, 9 Jahre

Lieber Gott,

bei Dir im Himmel stelle ich mir das so vor: Es ist eine ganz große Schule, in der Erwachsene, Kinder und alte Leute sitzen und lernen. Es gibt keine Fächer wie auf der Erde, sondern nur ein Thema und zwar Frieden überall. Wir sind die Schüler und die Engel sind unsere guten Lehrer. Aber Du, Du bist der Direktor der Schule. Ich wäre froh, wenn ich im Himmel zur Schule gehen dürfte.

Manuel, 11 Jahre

Lieber Gott,

auf der allerhöchsten Wolke sitzt Du und siehst auf die Menschen, die auf der Erde leben, herunter. Du kannst doch genau sehen, was auf der Erde alles passiert? Die Heiligen sitzen eine Wolke tiefer als Du und die Engel sind noch weiter unten.

Doris, 9 Jahre

Lieber Gott,
nach einer langen
Fahrt auf den Wol-
ken kommt man
an Jesus vorbei
und an den Jün-
gern. Wenn ich bei
Dir angelangt bin,
werde ich zum
Engel.

Patrik, 10 Jahre

Lieber Gott,
ich möchte mit Dir Kaffee trinken, nicht in die
Schule gehen müssen und ganz viel Schoko- und
Vanilleeis essen können.
Michael, 8 Jahre

Lieber Gott,
Fernseher und Computer soll es im Himmel gar
nicht geben, weil sonst alle Menschen wieder nur
vor diesen Geräten sitzen, genau wie auf der Erde.
Fanny, 10 Jahre

Lieber Gott,
auf der Spielwolke
kann ich jedes Spiel
spielen, das mir ein-
fällt.

Sabrina, 9 Jahre

Lieber Gott,
den Himmel stelle ich mir riesengroß und ohne
Grenzen vor und ganz angefüllt mit Liebe. Es soll
genau sieben Tage dauern, bis man im Himmel
ankommt. Stimmt das?
Dominik, 11 Jahre

KAPITEL 2

Gott
und die Welt

Lieber Gott,
Du hast alles gut
geschaffen und die
Menschen haben
ein bißchen dazu
geholfen.

Johannes, 10 Jahre

Lieber Gott,
wenn es Dich nicht gäbe, wäre das Leben nur halb
so schön.
Natalie, 10 Jahre

Hör mal, lieber Gott,
Du hast Dir die Natur sehr gut ausgedacht. Aber ich muß mich beschweren: Autos, Fabriken und Atomkraftwerke. Wenn es so weitergeht, wird die Natur in 90 Jahren so verschmutzt und krank sein, daß man sie nicht mehr gebrauchen kann. Es ist gut, daß Du uns etwas dagegen tun läßt, Müll sortieren zum Beispiel.
Martin, 11 Jahre

Lieber Gott,
ich finde es toll,
daß Du Adam und
Eva in die Welt ge-
setzt hast.

Daniel, 8 Jahre

Lieber Gott,
die Wälder sollen
nicht durch die Ab-
gase zerstört werden,
dann kann man ja
gar nicht mehr durch
wandern! Nur gut,
daß es noch Botani-
sche Gärten gibt!

Florian, 9 Jahre

Lieber Gott,
am besten von allem auf der Welt gefallen mir die
Bäume, denn da kann man hinaufklettern.
Marie, 11 Jahre

Lieber Gott,
Du bist für mich
wie ein Freund. Du
bist nicht irgend-
was Höheres. Ich
rede mit Dir wie
mit einem Freund.

Robert, 12 Jahre

Hallo, lieber Gott,
ich finde Deine Schöpfung traumhaft und will Dir
dafür danken. Die Sonne scheint mir aufs Gesicht,
und der Wind bläst durch meine Haare. Daß das Leben so schön sein kann, hätte ich mir nie träumen
lassen. Ich denke du bist froh, das zu hören und
freust Dich über meinen Brief.

Annegret, 10 Jahre

Lieber Gott,
mein schönstes Er-
lebnis, wo ich Dich
ganz nahe gespürt
habe, war, als ich
mein erstes Kopf-
balltor gemacht
habe.

Robert, 12 Jahre

*Lieber Gott,
für unsere Klassen-
gemeinschaft wäre
es meistens gut,
wenn Du da wärst.*

Robert, 12 Jahre

Lieber Gott,
ich denke, Du bist wie meine Stoffkatze, mit der ich
einschlafe. Wenn ich traurig bin, dann ist es so, als
wollte sie mich trösten und mir Mut zusprechen.
Komisch, mir hilft das auch. Mit der Zeit wird sie mir
immer wichtiger. Sie kommt mir fast wie ein Engel
vor. Bitte, lieber Gott, sei für mich wie meine Katze.
Frieda-Maria, 10 Jahre

Lieber Gott,
bist Du auch in der Nacht da? Wenn ich im Dunkeln die Augen öffne, hab' ich nämlich immer Angst.
Klara, 8 Jahre

Lieber Gott,
Du mußt bei so vielen Menschen sein. Ich wundere mich immer, wie Du das machst!
Martin, 11 Jahre

Ach, lieber Gott,
warum bin ich kein Kater? Ich soll arbeiten, arbeiten, arbeiten. Mein Kater zu Hause kann den ganzen Tag auf seinem Lieblingsplatz liegen, und ich muß arbeiten. Ich möchte auch so sein wie er!
Wolfgang, 11 Jahre

Lieber Gott,
manchmal meint man, daß Du momentan nicht „anwesend" bist.

Cornelius, 11 Jahre

Lieber Gott,
in keinem Bilderbuch, nicht einmal in der Bibel, ist ein Bild von Dir. Kannst Du nicht im Himmel ein Bild von Dir zeichnen lassen, damit jeder hier sieht, wie Du ausschaust?
Katrin, 12 Jahre

Lieber Gott,
ist es leicht, Gott zu sein? Ich fände es schwierig, über die ganze Welt zu herrschen. Ich hoffe, Du schaffst es und bist immer für mich da.
Simone, 10 Jahre

Hallo, lieber Gott,
wie geht's Opa? Hat er es gut bei Dir? Hat er doch sicher, oder?
Lena, 11 Jahre

Lieber Gott,
wie ist Dir die
Idee gekommen,
uns Menschen zu
erschaffen?

Sebastian, 12 Jahre

Lieber Gott,
Du hilfst allen
Leuten, daß sie
miteinander aus-
kommen, Aber es
klappt nicht im-
mer.

Tim, 10 Jahre

Lieber Gott,
hoffentlich hörst Du
nicht auf, ab und
zu einen Blick auf
Deine Welt zu wer-
fen und zu versu-
chen, die Dinge
wieder in Ordnung
zu bringen.

Sandra, 11 Jahre

Lieber Gott,
wenn ich in der
Natur sitze, fange
ich manchmal zu
träumen an. Dann
denke ich mir klei-
ne Baupläne aus
oder Spiele. Die Na-
tur ist so schön
zum Träumen.

Philipp, 10 Jahre

Lieber Gott,
mein Bruder ist in letzter Zeit so schlimm. Kannst
Du mir erklären, warum? Ich muß es wissen!
Stefanie, 12 Jahre

Lieber Gott,
Du hast Dir die Erde bestimmt so vorgestellt wie
den Himmel: Paradies, Frieden, alle gehen zu Fuß
oder fahren mit dem Fahrrad. Aber in unserer Welt
ist alles genau umgekehrt. Die Autos rasen herum,
fahren die Tiere tot, und niemand kümmert sich
darum. Lieber Gott, ich will so eine Welt wie bei
Dir haben.
Cristina, 10 Jahre

Lieber Gott,
im Freibad wurde
ich von einem Stru-
del hinuntergezo-
gen. Hast Du den
Jungen geschickt,
der mich hochge-
zogen hat?

Michaela, 9 Jahre

Lieber Gott,

die Erde war mal sauber und schön. Und später waren wir Menschen da. Wir haben sie verschmutzt. Und jetzt gehen immer mehr Bäume kaputt.

Tobias, 7 Jahre

Lieber Gott,

manchmal, sogar manchmal oft, glaube ich, daß Du da bist. So wie vor kurzem, als es bei uns beinahe einen Großbrand gegeben hätte. Kurz vorher ging meine Mutter zufällig in das Zimmer und bemerkte den Qualm. Bei so etwas glaube ich, daß Du die Finger drin hast.

Jan, 11 Jahre

Lieber Gott,

ich finde nicht, daß nur die an Dich glauben können, die getauft sind. Stehe ich vielleicht komisch vor Dir, weil ich nicht getauft bin?

Hanaa, 10 Jahre

Lieber Gott,
das allerdümmste
auf der Welt
sind immer noch
die Kriege.

Oliver, 10 Jahre

Lieber Gott,
warum bist Du für
manche Menschen
so oft da, für die
Heiligen zum Beispiel,
und für andere fast
nie. Gleichst du im
Himmel alles wieder
aus? Oder haben sich
die Heiligen einfach
besser benommen?

Oliver, 10 Jahre

Lieber Gott,
warum bist Du
bei uns, wir aber
nicht bei Dir?

Stefan, 12 Jahre

Lieber Gott,
wie geht es Willy und Opa? Oma sagt, ich würde
Opa sehr ähnlich sehen. Schade, daß ich ihn nicht
mehr kennenlernen kann – oder doch?
Daniel, 11 Jahre

Lieber Gott,
Wenn ich auf die Berge steige, sehe ich das ganze
Tal, die Wasserfälle und die Gletscher. Alles ist so
schön.
Gudrun, 11 Jahre

Lieber Gott,
weil ich die Natur so schön finde, habe ich Dir ein
Gedicht gemacht:
Laß den Frühling Frühling bleiben,
laß die Tiere nie mehr leiden.
Laß den Schwan auf Wellen treiben
und die Kühe friedlich weiden.
Laß die Enten weiter schwimmen,
laß den Luchs den Baum erklimmen.
Laß die Vögel weiterfliegen
und den Bär den Feind besiegen.
Laß die Ziege höher springen
und die Vögel fröhlich singen.
Laß die Grille immer zirpen
und die Delphine fröhlich wirken.
Denn alles, was ich hier schreib',
gibt es ganz in Wirklichkeit.
Darum laß es so schön bleiben
und die Wellen weiter treiben.
Luisa, 10 Jahre

Lieber Gott,
macht es Dir etwas
aus, daß ich nicht
so oft in die Kir-
che gehe? Ich den-
ke dafür oft an
Dich.

Verena, 11 Jahre

Hey, lieber Gott,
wo warst Du, als Papa im Krankenhaus war und
ich solche Angst um ihn hatte?
Michaela, 9 Jahre

Lieber Gott,
warum werden die armen Tiere von den Menschen gequält, zum Beispiel die Elefanten. Sie können doch nichts dafür, daß sie so prächtige
Stoßzähne haben. Die Elefantenjäger könnten
doch die Elefanten nur betäuben und dann die
Stoßzähne absägen. Das wäre dann wie Haa-
reschneiden.
Nelly, 11 Jahre

Lieber Gott,

wenn ich so im Gras sitze, wird mein Herz ganz warm. Es gibt soviele Menschen, die gar nichts für die Natur übrig haben. Die sollten sich mal ansehen, was sich im Gras für Sachen abspielen. Die Käfer, Ameisen und andere Insekten krabbeln um mich herum. Hier ist richtig was los!

Michael, 9 Jahre

Lieber Gott,
manche Menschen
denken, sie sind
die Chefs auf dieser Welt.
In Wirklichkeit
bist Du das.

Sebastian, 11 Jahre

Lieber Gott,

während ich in meinem Bett liege, müssen sich andere Menschen, zum Beispiel in Südamerika, auf dem harten Boden zurechtfinden. Sie haben keinen Unterschlupf und müssen hungern. Ich komme mir richtig fies vor, daß ich nicht mit ihnen teilen kann.

Benjamin, 9 Jahre

Lieber Gott,
wenn ich mich
mal richtig freue,
~~Bis~~ dann bist
Du gerade mal
vom Himmel
herunter gekommen.

Max-Joseph, 10 Jahre

Lieber Gott,
wenn das Frühjahr kommt, freue ich mich über
Tulpen, Narzissen, Sträucher und blühende Obst-
bäume, im Sommer über Rosen und Astern und
die Blumenwiesen. Im Herbst ist es schön, durch
die Wälder zu gehen, wenn sie bunt gefärbt sind.
Den Winter mag ich nicht so gerne, aber ich muß
zugeben, daß die Welt unter einer weißen Schnee-
decke schön aussieht.
Yasmin, 9 Jahre

KAPITEL 3

Ich mach' was aus mir

Lieber Gott,
ich glaube fest an
Dich und mich,.
daß auch aus mir
mal ein ganz gro-
ßes Talent wird.

Manuel, 11 Jahre

Lieber Gott,
alle sagen, daß ich Talent für das Theater habe. Ich finde das ganz positiv. Lieber würde ich zwar Millionär werden, aber man kann ja auch nicht alles haben. Du hast mir nun mal dieses Talent gegeben und deshalb spiele ich in einer Theatergruppe.
Florian, 11 Jahre

Lieber Gott,
wenn ich groß bin,
möchte ich Torwart
bei Borussia Mönchengladbach werden.

Jonas, 8 Jahre

Lieber Gott,
ich kann gut
Hochrad fahren.
Soll ich mal zum
Zirkus gehen?

Max-Joseph, 11 Jahre

Lieber Gott,
also ich wollte Dich um etwas ganz Wichtiges bitten. Ich bitte Dich so sehr, wie ich nur kann, daß Du aus mir eine Primaballerina machst!
Sara, 9 Jahre

Lieber Gott,
wenn jeder Mensch die gleichen Talente hätte, wäre es ganz schön öde auf der Welt. Es würde ständig Machtkämpfe geben, wer nun wirklich der absolut Beste ist. Ich finde es sehr schön, daß Du jedem Menschen andere Talente gegeben hast.
Michael, 12 Jahre

Lieber Gott,
wie wär's, wenn ich Zahnarzt werde oder Kinderarzt, oder doch besser Bauarbeiter. Ach, lieber Gott, ich kann mich nicht entscheiden, hilf mir bitte dabei.
Tobias, 11 Jahre

Hallo, lieber Gott,
ich will aus mir
einen Fußballstar
machen, damit ich
mir einen Ferrari,
eine Villa mit Swim-
mingpool und ein
Privatflugzeug ~~kann~~ *kaufen*.
Bitte, lieber Gott, gib
mir dieses Talent.

Tim, 11 Jahre

Lieber Gott,
ich wollte Dich
mal fragen, wie
viele Talente ich
überhaupt habe?
Liegen noch viele
versteckt ?

Andreas, 10 Jahre

Hallo, lieber Gott,
weißt Du, eigentlich möchte ich Malerin oder
Gärtnerin werden. Du hast mir viel Schönes gegeben, aber es ist schwer, nicht so ehrgeizig zu sein.
Hilf mir bitte, daß ich alles schaffe, was ich so gerne möchte.
Frieda-Maria, 10 Jahre

Hallo, lieber Gott,

Du kennst mich sehr gut, aber ich kenne nicht mal meine Talente. Aber Du, lieber Gott, Du weißt es. Darum bitte ich Dich, sage es mir oder schreib vielleicht sogar zurück! Wenn ich meine Talente kenne, dann versuche ich ehrlich, das Beste daraus zu machen. Ich versuche auch, sie selbst zu finden. Aber wenn es mir nicht gelingt, mußt Du mir verzeihen.

Viele, liebe Grüße und ein dickes Bussi

Julia, 11 Jahre

Lieber Gott,

hast Du mir das Talent gegeben, das ich mir wünsche? Ich möchte nämlich Meeresbiologin werden, ist das möglich? Ich möchte gerne tauchen, bei Walen und Delphinen sein. Geht es denn, daß ich dann in Australien auf einem Boot leben kann? Bitte, lieber Gott.

Fanny, 11 Jahre

Lieber Gott,
jeder kann irgend-
etwas. Der eine rechnen,
der andere malen, einer
ist gut in Sport. Das
ist eine gute Idee von
Dir. Danke, daß Du
uns das alles gegeben
hast. Aus mir könntest
Du schon was Tolles
machen.

Cornelius, 11 Jahre

Lieber Gott,
habe ich Talent
für Latein? Was
meinst Du dazu?
Könnte ich Latein-
lehrer werden?

Sebastian, 11 Jahre

Lieber Gott,
manchmal finde ich es ungerecht, daß andere besser sind als ich. Diese Menschen sind dafür in anderen Dingen schlechter. Daran sehe ich dann, daß
Du doch gerecht bist.
Raguel, 11 Jahre

Lieber Gott,

ich weiß nicht genau, was ein Talent ist. Es ist sicher jemand, der auf seinem Gebiet perfekt ist, wie zum Beispiel Boris Becker. Bin ich auch irgendwo perfekt? Um Dich das zu fragen, habe ich Dir diesen Brief geschrieben.

Johannes, 11 Jahre

Lieber Gott,
ich habe großes Talent zum Malen. Ich male viel mit Pastellkreiden und auch mit Wasserfarben. In der Schule regen sich die Lehrer immer über mich auf, weil ich nicht das mache, was sie sich vorstellen. Findest Du meine Bilder wenigstens schön?
Jan, 11 Jahre

Danke, lieber Gott,
du hast mir ein besonderes Talent für Musik geschenkt. Das ist ganz toll, das hat nämlich nicht jeder.
Dominik, 11 Jahre

KAPITEL 4

Hilfe, lieber Gott

Lieber Gott,
könntest Du mir
bitte viel Wissen
in mein Gehirn
einflößen, damit
ich in der Schule
nicht durchfalle.

Florian, 12 Jahre

Lieber Gott,
ich weiß, daß Du viel zu tun hast, aber kannst Du
mir mal helfen? Es geht um mein Meerschweinchen Körli. Es ist vor einem halben Jahr gestorben.
Ich vermisse es so sehr! Ich würde gerne wissen,
wo es ist und wie es ihm geht.
Lucie, 12 Jahre

Lieber Gott,
bitte hilf mir, wenn ich in der Schule sitze und mir
fällt gar nichts ein.
Rebecca, 11 Jahre

Lieber Gott,
warum hast Du
mein Meerschwein-
chen sterben lassen
☒? Ich wünschte
mir, daß es länger
gelebt hätte.

Maria, 9 Jahre

Lieber Gott,
laß mich bitte nicht jeden Tag mit meinen Freunden streiten, und wenn es doch passiert, dann möchte ich mich mit ihnen wieder versöhnen. Sag mir immer Bescheid, wo ich helfen kann.
Kathi, 9 Jahre

Hallo, lieber Gott,
ich wünsche mir,
daß die Menschen
alle nett zueinander
sind.

Marily, 8 Jahre

Lieber Gott,
ich habe da ein
Problem. Mein Bru-
der ist manchmal
sehr schlimm.
Mach ₓ bitte, daß
er ein netter Bru-
der wird.

Johanna, 10 Jahre

Lieber Gott,
ich will keinen Bruder haben, weil er mich
schlägt. Ich möchte gerne eine Schwester haben.
Ich will nicht, daß er mich immer zankt, sonst zan-
ke ich ihn auch und prügele mich mit ihm.
Natalie, 10 Jahre

Lieber Gott,
ich bin nicht zufrieden, daß ich ein Einzelkind bin.
Ich hätte gerne Geschwister. Dann könnte ich mit
jemandem spielen. Wir könnten uns ja auch ein
Zimmer teilen. Kannst Du das möglich machen?
Ich bin aber auch allein nicht unglücklich, weil ich
ganz liebe Eltern habe.
Anja, 9 Jahre

Lieber Gott,
bitte laß meine
Oma und meinen
Opa nicht so früh
sterben.

Robert, 9 Jahre

Lieber Gott,
vielleicht kannst
Du mir bei der
Matheschulaufgabe
ein bißchen helfen.
Ich wäre Dir echt
dankbar.

Johanna, 11 Jahre

Lieber Gott,
ich und jeder von uns Menschen wünscht sich,
daß die schönen Zeiten nicht so schnell vorübergehen. Die schlechten Zeiten könntest Du bitte
ganz schnell vorübergehen lassen.
Daniel, 10 Jahre

Hallo, lieber Gott,
ich habe eine sehr große Bitte an Dich. Bitte mach,
daß ich mich in der neuen Klasse eingewöhne und
daß die Christina meine Freundin wird. Bitte!
Lena, 11 Jahre

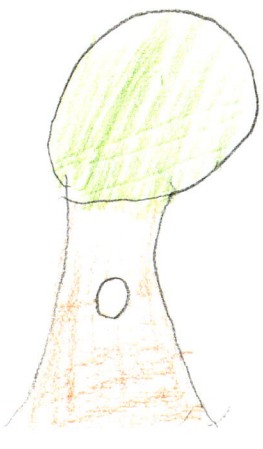

Lieber Gott,
bitte gib den armen
Menschen eine Woh-
nung und etwas zu
essen und meinem
Opa ein gutes Weiter-
leben im Himmel.
Wenn Du das alles
tun würdest, würde
ich Dir meinen herz-
lichsten Dank sagen.

Michael, 9 Jahre

Lieber Gott,
manchmal habe
ich Angst vor
schlimmen Träumen
Bitte paß auf mich
auf, damit mich
nicht der Teufel
holt.

Stefan, 9 Jahre

Lieber Gott,
hilf mir, daß ich mit meinen Schwestern nicht so
oft streite, aber sie wollen es nicht anders.
Stefanie, 12 Jahre

Hallo, lieber Gott,
kannst Du auch den armen Tieren helfen? Daß sie
nicht zu verschiedenen Sachen verarbeitet werden oder für Medikamente getötet werden. Diese
Tiere tun mir nämlich sehr leid.
Marina, 12 Jahre

Lieber Gott,
bitte mach, daß unser Hund niemanden mehr beißt.
Anna, 9 Jahre

Lieber Gott,
Du hast mich so geschaffen, wie ich bin. Ich muß eine Brille tragen, und ich bin klein. Trotzdem werde ich nicht verachtet.
Mach bitte, daß ich in Zukunft keine Brille mehr tragen muß.
Johanna, 10 Jahre

Lieber Gott,
laß bitte meinen Daumen schnell heilen, damit ich bald wieder Sport machen kann, den habe ich mir nämlich beim Eishockey gebrochen.
Markus, 12 Jahre

Lieber Gott,

mach es möglich,

daß meine Eltern

einmal einen gan-

zen X Tag Zeit für

mich haben, daß

wir irgendwo zu-

sammen Wandern

gehen oder einen

Freizeitpark be-

suchen.

Susanna, 10 Jahre

Lieber Gott,
manchmal komme ich mit den Mädchen aus meiner Klasse überhaupt nicht klar, die nerven so. Aber zu Hause läuft es ganz gut. Meine Mutter ist immer für mich da, wenn ich sie dringend brauche oder Fragen habe.
Andrea, 11 Jahre

Lieber Gott,
Mein Schulweg ist so gefährlich. Bitte laß mich beim Überqueren der Straße keinen Unfall bauen.
Simon, 10 Jahre

Lieber Gott,
Du hast unsere Familie so geschaffen, wie sie ist: zwei Erwachsene und ein Kind. Manchmal wäre es besser, wenn unsere Familie aus zwei bis drei Kindern bestehen würde, weil ich dann noch jemanden zum Spielen hätte. Laß mich trotzdem zufrieden sein.
Martin, 9 Jahre

Lieber Gott,
hilf uns, daß die
Welt sich ändert,
daß die Umwelt-
verschmutzung auf-
hört, daß die Krie-
ge aufhören und
daß alle Menschen
ein Zuhause haben.

Katrin, 11 Jahre

Lieber Gott,

ich habe ein Problem. Ich spiele für mein Leben gern Basketball und habe sogar in einem Verein gespielt. Aber weil es in der Schule nicht so gut läuft, darf ich nicht mehr hin. Findest Du das richtig? Ich lerne jetzt jeden Tag, damit ich in der Schule besser werde. Dann darf ich nämlich wieder spielen. Ich wäre Dir sehr dankbar, wenn Du mit helfen könntest, diese Zeit zu überstehen. Wenn es wieder besser läuft, schreibe ich Dir wieder!

Ludwig, 12 Jahre

Lieber Gott,

ich werde in Zukunft immer zu Dir beten, damit ich nicht in die Hölle komme, wo der böse Teufel haust.

Thomas, 9 Jahre

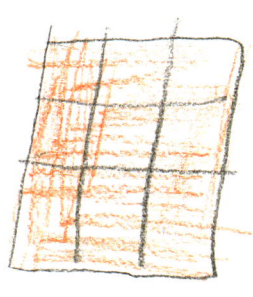

Lieber Gott,
heute hatten wir
bei dieser blöden
Lehrerin Unterricht.
Da war ich nicht
gerade sehr brav.
Das hast Du ja ge-
sehen. Bitte hilf mir,
daß ich meine Frech-
heit überwinde, und
ganz brav werde.

Nicola, 9 Jahre

Lieber Gott,
in der Schule bin ich immer der Klassenkaspar.
Könntest Du mir bitte helfen, mich zu beherr-
schen, auch bei den Lehrern, die ich blöd finde?
Timo, 10 Jahre

Lieber Gott,
könntest Du nicht
machen, daß
alle Kinder gute
Noten haben?

Janet, 9 Jahre

Lieber Gott,
ich habe eine
ganz große Bitte.
Ich möchte noch
lange leben.

Stefanie, 7 Jahre

Lieber Gott,
ich bin so klein. Mach' bitte, daß ich jede Nacht
einen Zentimeter wachse.
Christopher, 9 Jahre

KAPITEL 5

Danke, lieber Gott

Lieber Gott,
ich danke Dir für
alles, was ich habe,
denn mir fehlt
überhaupt nichts.

Angela, 12 Jahre

Lieber Gott,
danke, daß ich eine Schwester habe. Mir ist zwar
hin und wieder langweilig, aber ohne sie wäre es
noch schlimmer. Auch für mein Meerschweinchen
möchte ich Dir danken und für Mama und Papa.

Elisabeth, 7 Jahre

Hallo, lieber Gott,
vielen Dank dafür,
daß ich es so gut habe.
Ich kann in den Ur-
laub fahren, spielen
und alles. Viele Kinder
haben es nicht so gut wie ich.
Könntest Du nicht ma-
chen, daß es wenigstens
ein paar Kindern bes-
ser ~~ge~~ haben.

Lena, 11 Jahre

Lieber Gott,

Du hast alles gut eingerichtet bei mir, meiner Eltern, die Schule und meine Freunde. Nur meine kleine Schwester, die hättest Du mir wirklich ersparen können.

Benni, 12 Jahre

Lieber Gott,
ich danke Dir, daß ich hier auf dieser wunderbaren Welt leben darf. Und am allermeisten danke ich Dir dafür, daß ich "Caught in the Act" in Amsterdam treffen durfte. Das war der schönste Tag in meinem Leben.
Ich weiß, daß Du mir dabei geholfen hast. Danke!
Sonja, 11 Jahre

Lieber Gott,
ich danke Dir, daß ich schon so alt und immer noch nicht tot bin.

Andreas, 13 Jahre

Lieber Gott,
ich bin eigentlich mit meinem Leben zufrieden und danke Dir dafür. Aber über eines muß ich mich bei Dir beschweren und zwar darüber, daß ich diese blöden X-Beine habe. Ich habe mir so etwas nicht gewünscht. Die anderen Kinder im Eisclub hänseln mich oft deswegen. Bitte laß mich in Zukunft besser springen können.
Thomas, 9 Jahre

Lieber Gott,
ich danke Dir, daß
ich durch die Wäl-
der springen und
Deine Natur genie-
ßen kann. Ich dan-
ke Dir vor allem,
daß ich nicht inmit
ten von Autos leben
muß.

Ines, 9 Jahre

Lieber Gott,
ich danke Dir, daß
meine Mutter jeden Tag
auf mich wartet, wenn
ich von der Schule nach
Hause komme, und daß
ich einen schlauen Vater habe,
der mir erklären kann,
was ich in der Schule
nicht verstanden habe.

Benedikt, 11 Jahre

Lieber Gott,
ich danke Dir dafür, daß es mir so gut geht. Abends
habe ich eine warmes Bett, ein Dach über dem
Kopf; ich bin satt und zufrieden. Ich weiß, daß es
vielen Kindern auf den Welt nicht so gut geht wie
mir, deshalb bete ich auch für sie.
Raphael, 9 Jahre

Lieber Gott,
ich danke Dir, so
sehr, daß ich ge-
sund auf die Welt
gekommen bin. Ich
bin auch froh, daß
ich bis jetzt noch
nicht unter ein Auto
gekommen bin. Nur
mit einem bin ich nicht
zufrieden. Ich kriege
bald eine Zahnspange.
Lieber Gott, laß sie
mich nicht lange tra-
gen müssen.

Alena, 9 Jahre

Lieber Gott,
danke, daß Du mir eine Schwester geschenkt hast.
Es ist gut, daß ich im Leben einen Menschen haben werde, auf den ich zählen kann. Sie bringt mir
viel bei und erzählt mir spannende Sachen und lu-
stige Witze. Ich hoffe, meine Schwester freut sich
genauso, daß ich da bin, und hat mich so lieb wie
ich sie.
Sonja, 9 Jahre

Lieber Gott,
ich freue mich,
daß ich in einem
so schönen Haus
wohne und daß ich
einen so ganz kur-
zen Schulweg habe.
Der Stadtpark ist
sehr
~~ganz~~ nah. Da kann
ich toll Fahrrad-
fahren. Danke.

Dominik, 8 Jahre

Lieber Gott,
ich danke Dir, daß Du die Menschen erschaffen hast. Besonders meinen kleinen Bruder. Als mir meine Mama erzählte, daß sie ein Baby bekommen würde, war ich sehr glücklich. Es dauerte zwar ziemlich lange, bis er endlich zur Welt kam, aber es war sehr schön, einen kleinen Bruder zu haben. Es ist sogar immer noch schön, obwohl er jetzt schon fünf Jahre alt ist.
Katharina, 11 Jahre

Lieber Gott,
ich danke Dir so sehr, daß ich zum Geburtstag von Mama und Papa einen Hasen bekommen habe. Ich mag auch die andere Tiere und freue mich über sie. Ich liebe den Wald und die ganze Welt.
Maria, 8 Jahre

Danke, lieber Gott,
daß mein Bruder
gesund auf die
Welt gekommen ist.
Ich hoffe er wird
immer viel Glück
und einen Schutzen-
gel von Dir haben.
Einen Schutzengel
braucht ~~das~~ nämlich
jeder.

Stephanie, 11 Jahre

Lieber Gott,
danke, daß ich
heute wieder so
leckeres Essen be-
kommen habe.
Aber bitte, laß auch
andere Menschen
nicht vor Hunger
sterben.

Franjo, 9 Jahre

Lieber Gott,
ich bitte Dich, daß mein Bruder schon bald keine
Krücken mehr braucht.
Verena, 8 Jahre

Lieber Gott,
ich habe mir zu Weihnachten so sehr die Taucher-
station von Lego gewünscht. Und ich habe sie
wirklich bekommen. Ich habe mich soooooooo
gefreut!
Arthur, 8 Jahre

Liebe Gott,
danke für das Meer. Die Fische darin sind so schön
bunt und die Korallenriffe ganz geheimnisvoll.
Manchmal ist das Meer aber auch gefährlich.
Jennifer, 8 Jahre

Lieber Gott,
ein großes Dankeschön
an Dich. Ich bin sehr
froh, daß es mich gibt
und daß ich lebe,
wie ich lebe.
Dein Daniel

Daniel, 11 Jahre